# The Birth of Jesus
# WORD SEARCH
## BIBLE ACTIVITY BOOK

Circle the hidden words forwards, backwards, up, down, or diagonally.

Scripture quotations taken from The Holy Bible, New International Version® NIV® Copyright © 1973, 1978, 1984, 2011 by Biblica, Inc. Used with permission. All rights reserved worldwide.

**E5094**

#warnerpress

# Waiting for Jesus

Advent is a time of waiting. In the Bible,
people were awaiting the birth of the Messiah.

| | | | | | | | | | | | | | | |
|---|---|---|---|---|---|---|---|---|---|---|---|---|---|---|
| I | A | U | F | I | G | A | M | J | I | H | C | A | L | A | M |
| S | O | B | Z | T | Y | E | O | W | L | T | A | T | J | D | C |
| A | G | Q | R | S | H | S | Q | R | W | H | H | M | A | E | Y |
| I | H | D | N | A | E | D | A | D | Y | G | I | A | D | T | G |
| A | H | I | W | P | H | L | S | I | I | U | N | A | C | Y | Z |
| H | R | A | H | A | L | A | Q | F | R | N | V | E | E | I | M |
| Z | Z | T | L | T | V | W | M | N | A | I | K | O | F | W | M |
| Z | E | D | F | M | E | Q | D | E | D | H | J | M | T | H | Z |
| J | I | C | N | M | B | J | H | H | T | A | E | N | E | C | S |
| R | H | I | H | A | C | A | D | E | A | G | F | U | W | J | C |
| E | V | V | E | A | I | O | B | G | L | N | R | Y | Q | B | J |
| Z | E | S | U | M | R | A | Z | W | E | H | O | X | R | J | J |
| B | O | Q | E | D | Z | I | M | D | I | B | T | E | D | A | S |
| H | C | R | E | I | D | O | A | N | N | C | A | Q | M | P | M |
| W | E | H | L | B | P | F | P | H | A | Q | K | S | A | I | T |
| J | N | E | W | S | L | I | M | R | D | B | R | O | X | R | S |

| | | | |
|---|---|---|---|
| ABRAHAM | DANIEL | ZECHARIAH | SIMEON |
| DAVID | HOSEA | ELIZABETH | ANNA |
| ISAIAH | MICAH | MARY | MAGI |
| JEREMIAH | MALACHI | JOSEPH | |

# God's Promise to Abram

## GENESIS 12:1–3

God promised that the world would be blessed through Abram's descendants. Abram is one of Jesus' ancestors.

```
C  K  T  A  C  O  U  N  T  R  Y  S  Z  P  Q  M
B  U  N  O  N  M  G  M  U  O  V  S  I  U  Q  S
H  J  R  V  W  X  H  T  R  A  E  S  O  K  H  I
A  K  G  S  F  M  O  U  T  P  R  F  S  O  B  B
B  D  P  F  E  S  Q  D  N  N  S  P  W  E  L  K
R  Y  X  Q  K  S  Y  T  C  P  P  V  E  E  L  Y
A  Z  J  T  I  X  Z  T  A  E  R  G  S  S  P  B
M  V  A  N  W  X  I  A  O  D  L  S  L  E  M  G
L  O  R  D  H  G  G  U  L  L  I  P  I  V  W  P
X  M  O  H  I  G  Q  O  S  N  G  C  Y  E  Z  G
L  D  K  Y  M  R  H  V  G  G  N  O  R  E  Z  X
Y  L  N  K  Q  E  H  H  S  G  L  O  L  A  Z  E
U  N  Q  A  S  H  F  F  B  D  I  P  I  Y  C  M
S  X  N  U  L  T  O  F  L  V  O  U  X  T  W  A
G  K  O  E  T  A  Z  V  L  E  Y  E  Z  Z  A  N
W  H  H  C  P  F  I  V  P  G  D  K  J  X  H  N
```

| | | | |
|---|---|---|---|
| LORD | FATHER | GREAT | BLESSING |
| ABRAM | HOUSEHOLD | NATION | CURSES |
| COUNTRY | LAND | BLESS | EARTH |
| PEOPLE | SHOW | NAME | |

(ANSWERS ON PAGE 45)

# God's Promise to David

## 2 SAMUEL 7:12–16

God promised David that his kingdom would last forever.
Jesus, a direct descendant of David, is the King
who will reign forever.

| | | | | | | | | | | | | | | |
|---|---|---|---|---|---|---|---|---|---|---|---|---|---|---|
| C | T | T | M | F | G | N | D | E | E | C | C | U | S | Y | A |
| L | F | F | H | R | N | G | K | I | T | S | E | R | M | N | E |
| U | E | T | Y | R | K | Q | Q | S | N | O | E | K | C | N | Q |
| O | O | P | N | L | O | W | T | Z | I | S | Q | E | D | K | R |
| A | F | S | T | I | G | N | T | W | U | D | S | U | W | R | G |
| W | I | F | E | Y | R | N | E | O | R | T | R | L | Q | R | M |
| X | M | C | S | E | C | H | H | J | O | E | Z | Q | P | F | H |
| V | L | W | H | P | B | H | X | R | E | H | B | O | T | G | L |
| N | Q | T | B | M | R | Z | S | I | B | S | O | J | L | O | R |
| U | A | M | H | B | R | I | R | M | Z | I | R | C | V | A | Q |
| F | N | O | O | Z | D | E | N | U | D | L | T | E | I | C | R |
| O | K | J | R | D | V | Y | X | G | A | B | D | S | K | Z | J |
| S | U | M | I | E | G | Y | U | E | E | A | E | J | Z | F | I |
| Y | U | A | R | Z | D | N | M | Z | H | T | J | N | N | L | L |
| A | J | O | N | O | Y | V | I | B | G | S | D | O | O | O | Y |
| D | F | C | U | T | R | N | M | K | W | E | P | O | G | S | A |

| | | | |
|---|---|---|---|
| DAYS | OFFSPRING | FATHER | ENDURE |
| REST | SUCCEED | SON | FOREVER |
| ANCESTORS | ESTABLISH | LOVE | THRONE |
| RAISE | KINGDOM | HOUSE | |

(ANSWERS ON PAGE 45)

# Isaiah Foretold Jesus' Birth

## ISAIAH 7:14

Isaiah prophesied about the miraculous conception of Jesus.

```
Q  S  A  R  K  C  B  S  R  G  E  U  D  R  O  L
Z  P  P  C  Q  F  E  I  S  X  W  E  C  N  L  D
H  V  N  S  P  N  Y  I  R  N  R  U  P  S  U  J
Z  I  M  F  F  N  G  N  C  T  S  B  K  M  U  J
K  J  M  L  E  N  M  H  P  F  H  G  D  K  A  I
H  W  X  S  V  J  G  U  E  L  M  Y  B  R  M  N
M  M  X  Z  E  S  G  Z  A  V  S  U  E  M  D  E
B  S  A  N  A  L  D  E  P  N  M  T  A  U  L  F
Z  J  R  Q  F  B  F  E  R  G  M  N  I  Z  Q  G
P  H  V  K  R  B  V  T  Z  O  U  S  T  G  I  S
G  F  K  T  R  I  N  X  H  E  F  U  L  V  E  C
N  H  X  T  E  I  I  X  L  V  S  E  E  L  T  L
P  X  L  C  G  C  D  U  P  C  S  U  R  H  A  E
E  J  N  R  B  T  E  D  P  Z  T  N  B  E  V  C
I  O  I  L  U  F  I  J  D  K  S  O  M  I  H  W
C  V  Y  J  D  F  T  M  R  T  O  S  Z  O  V  T
```

| | | | |
|---|---|---|---|
| THEREFORE | GIVE | CONCEIVE | CALL |
| LORD | SIGN | BIRTH | HIM |
| HIMSELF | VIRGIN | SON | IMMANUEL |

(ANSWERS ON PAGE 45)

# Isaiah Described Jesus

## ISAIAH 9:6

Isaiah prophesied that Jesus will be a just and mighty ruler, called by many wonderful names.

```
E  Q  V  A  C  D  V  S  C  C  O  S  W  Z  G  S
G  I  P  N  T  H  V  J  X  A  U  S  T  B  H  H
G  B  E  A  X  T  I  O  E  L  O  O  S  O  R  E
I  S  Y  W  G  D  N  L  P  L  V  N  U  X  V  C
V  F  E  C  C  U  Q  B  D  E  L  L  K  E  O  K
E  P  A  N  X  F  D  V  F  D  D  B  R  U  W  B
N  P  R  T  J  V  U  T  L  E  T  L  N  T  F  W
N  H  Z  D  H  J  V  E  R  N  A  S  J  B  O  X
C  I  D  R  O  E  B  S  E  S  E  M  O  N  F  V
J  I  I  A  K  U  R  M  T  L  J  A  D  M  F  S
Y  V  R  C  P  J  N  I  O  I  E  E  N  D  O  G
T  H  Q  B  D  R  N  R  Z  A  R  C  K  X  G  E
H  U  T  O  E  G  N  S  Q  F  F  K  N  G  D  C
G  L  G  V  X  Y  R  Q  U  S  E  G  S  I  F  A
I  L  O  X  X  Z  O  L  A  L  D  N  B  A  R  E
M  G  X  I  N  Q  B  X  W  O  I  U  P  U  Z  P
```

| | | | |
|---|---|---|---|
| CHILD | GOVERNMENT | COUNSELOR | FATHER |
| BORN | SHOULDERS | MIGHTY | PRINCE |
| SON | CALLED | GOD | PEACE |
| GIVEN | WONDERFUL | EVERLASTING | |

(ANSWERS ON PAGE 45)

# Isaiah Prophesied About Jesus' Sacrifice

## ISAIAH 53:4–5

Long before Jesus was born, Isaiah foretold how Jesus
would suffer for our salvation.

```
I  T  R  A  N  S  G  R  E  S  S  I  O  N  S  C
X  N  S  K  O  X  E  V  U  R  Q  S  A  Q  R  B
D  K  I  J  E  U  S  F  T  Z  R  Y  K  U  R  H
B  B  D  Q  Q  A  F  O  O  Q  F  S  S  O  B  G
K  J  E  F  U  E  I  S  O  G  C  H  U  N  D  P
E  T  K  S  R  I  Q  W  S  K  E  G  P  L  G  V
F  C  P  I  T  W  T  T  W  D  H  N  K  W  H  P
G  Z  N  A  J  N  R  I  O  T  D  Q  I  U  I  Z
Z  G  T  Z  I  I  E  D  E  E  Q  V  M  E  I  N
D  A  S  V  C  N  E  M  T  S  A  V  R  E  N  A
O  M  R  K  M  H  Z  C  H  R  D  C  F  W  P  E
G  I  E  F  S  U  I  G  A  S  E  E  B  N  E  Z
X  N  T  I  I  L  E  X  I  D  I  V  L  F  C  Q
N  X  N  V  F  D  B  V  E  H  J  N  S  A  A  M
R  U  X  F  G  S  D  N  U  O  W  I  U  J  E  Z
P  M  A  G  I  J  K  E  I  N  U  V  A  P  P  H
```

PAIN          STRICKEN        TRANSGRESSIONS    PEACE
SUFFERING     AFFLICTED       INIQUITIES        WOUNDS
PUNISHED      PIERCED         PUNISHMENT        HEALED
GOD           CRUSHED         BROUGHT

# God's Message to Jeremiah
## JEREMIAH 33:14–16

God spoke through Jeremiah, promising to send a King who would be called: The LORD Our Righteous Savior.

```
J  Y  J  U  D  A  H  K  B  L  V  N  B  A  T  J
E  R  G  P  L  Z  E  C  B  B  U  R  A  Y  E  S
A  U  R  I  K  K  P  C  L  R  A  J  G  R  A  N
L  A  R  I  Y  B  N  B  U  N  V  I  U  V  Z  A
S  B  R  I  G  H  T  I  C  N  W  S  I  I  Q  N
A  U  Q  P  E  H  C  H  B  X  A  O  H  S  A  D
F  H  I  P  S  I  T  B  L  L  R  D  X  M  I  V
E  Q  P  B  O  H  H  E  E  W  P  F  E  N  Z  S
T  F  I  Y  W  S  Z  M  O  K  S  Y  K  V  M  L
Y  P  U  N  T  Y  B  W  Q  U  R  E  T  D  A  G
R  T  L  L  M  K  E  A  M  J  S  S  C  T  K  S
T  S  H  M  F  X  N  R  L  D  V  I  K  U  G  Y
D  U  N  D  I  I  O  V  I  T  P  M  L  O  L  K
N  J  E  R  T  A  L  V  D  A  Q  O  S  R  D  Q
C  M  R  O  R  M  A  L  T  H  Y  R  T  P  N  Q
R  P  Q  L  Y  D  S  Y  I  D  S  P  H  S  B  D
```

| | | | |
|---|---|---|---|
| LORD | SPROUT | JUDAH | NAME |
| FULFILL | DAVID | SAVED | RIGHTEOUS |
| PROMISE | JUST | JERUSALEM | SAVIOR |
| BRANCH | RIGHT | SAFETY | |

**8**

(ANSWERS ON PAGE 45)

# Micah Foretold Jesus' Birthplace
## MICAH 5:2

God spoke through Micah, revealing that Bethlehem
would be Jesus' birthplace.

```
S  S  E  M  I  T  O  G  O  V  N  Z  K  L  U  I
O  O  J  K  Q  D  I  L  W  F  V  C  E  X  S  T
S  R  G  U  F  R  D  L  I  E  I  O  F  R  H  R
L  Y  I  X  R  N  E  K  I  V  L  M  A  O  W  M
C  U  E  G  F  K  K  L  K  Y  B  E  U  O  H  I
J  L  I  I  I  J  E  U  U  I  L  G  M  N  R  X
Q  Z  C  W  E  N  G  B  C  R  H  Q  A  G  C  N
W  P  Y  A  U  G  S  Z  S  R  M  N  A  X  U  F
E  P  H  R  A  T  H  A  H  E  C  L  Y  H  P  X
J  P  W  R  Y  A  J  U  H  I  O  A  J  H  L  V
U  D  W  I  F  P  B  E  E  H  H  R  Z  L  U  M
D  K  X  V  S  T  L  N  T  V  L  Z  K  L  R  G
A  N  T  N  S  H  T  R  Q  V  P  L  B  A  S  N
H  D  A  Y  T  O  H  Z  C  O  L  V  A  C  O  O
P  L  N  E  H  W  Z  Q  U  D  K  I  J  M  D  M
C  O  B  N  K  J  U  O  X  G  N  G  O  B  S  A
```

BETHLEHEM
EPHRATHAH
THOUGH

SMALL
AMONG
CLANS
JUDAH

COME
RULER
ISRAEL
ORIGINS

OLD
ANCIENT
TIMES

(ANSWERS ON PAGE 45)

# Micah Foretold How Jesus Will Rule

## MICAH 5:3–5

Micah described Jesus as a strong shepherd,
who will one day bring peace.

```
N  E  M  U  L  O  R  D  D  H  H  X  T  V  F  M
R  F  N  I  B  J  H  Z  X  L  X  J  F  R  A  M
F  C  L  J  J  X  P  P  G  S  Z  I  F  J  R  O
O  B  X  O  R  I  A  I  S  L  L  J  E  G  Y  K
R  G  S  O  C  M  I  F  L  J  B  S  O  O  X  A
V  R  Y  O  P  K  T  K  E  R  T  N  A  D  S  L
X  E  D  C  N  D  B  L  N  Y  P  H  K  P  A  Q
S  A  Z  G  W  S  Q  W  V  J  T  D  N  B  J  A
C  T  I  F  K  A  V  J  Y  R  E  Z  O  M  D  S
C  N  R  G  K  N  J  L  K  N  V  R  U  R  Z  O
U  E  Z  E  F  D  E  L  O  V  Y  T  E  W  B  N
N  S  E  T  N  R  D  D  E  L  L  H  E  X  A  E
R  S  F  L  U  G  N  Y  V  A  P  I  M  M  E  C
M  D  X  C  T  A  T  W  Q  E  R  U  E  M  Q  A
M  K  E  G  B  G  X  H  H  J  W  S  I  J  C  E
R  S  I  A  Z  R  I  S  K  U  N  T  I  S  P  P
```

| | | | |
|---|---|---|---|
| ISRAEL | SON | LORD | SECURELY |
| ABANDONED | SHEPHERD | MAJESTY | GREATNESS |
| TIME | FLOCK | NAME | PEACE |
| LABOR | STRENGTH | GOD | |

**10** (ANSWERS ON PAGE 45)

# Zechariah's Vision
## ZECHARIAH 6:12-13

Zechariah's vision from God foretold that the Messiah
would be both our King and Priest.

```
A  T  U  S  K  N  B  E  F  I  L  F  D  S  A  N
Z  L  K  O  T  V  K  R  J  K  X  R  A  Q  C  A
Y  J  M  U  T  A  E  Y  A  P  S  Q  H  L  S  M
P  P  D  I  U  H  N  J  K  N  W  W  O  E  R  E
P  Q  S  F  G  Q  R  V  I  S  C  T  N  M  E  V
E  W  H  U  X  H  Y  O  Z  Y  H  H  F  Z  O  T
J  D  B  I  U  M  T  M  N  E  T  P  J  L  W  A
Z  D  Q  E  W  P  A  Y  D  E  D  S  L  Q  O  B
B  E  R  Z  G  C  Y  S  S  P  N  K  E  N  A  M
Z  E  R  O  S  A  Y  Z  B  M  I  E  L  J  X  Q
L  Q  L  A  L  S  I  N  Z  S  T  G  C  J  A  U
T  E  M  P  L  E  Z  D  O  B  X  S  B  A  T  M
X  U  B  Q  Y  Q  L  T  E  M  G  S  E  H  L  O
N  N  G  D  R  I  J  L  S  Q  R  Y  M  I  X  P
D  N  U  C  U  V  U  Q  Q  N  J  A  N  I  R  O
R  P  M  B  Y  R  D  I  M  K  K  W  H  C  M  P
```

| | | | |
|---|---|---|---|
| LORD | NAME | TEMPLE | THRONE |
| ALMIGHTY | BRANCH | CLOTHED | PRIEST |
| MAN | PLACE | MAJESTY | HARMONY |
| | BUILD | RULE | |

# Jesus' Ancestors
## MATTHEW 1:2–16

The Book of Matthew begins with a list of Jesus' ancestors.
This evidence helps prove that Jesus is the Messiah. The names
below are part of a longer list you can read in your Bible.

```
O A H A R H U Z J U C B O C A J
S B Y V K U M L B T H P E S O J
G O E D F H E K T B M D A B I C
T U L D M D G E C E S S E J K I
I P N O C Z U A B R A H A M Y A
H G F A M G E H H S F J E R V D
Y Z A S P O Y Y I J A Y E G I B
O S V G M B N J D L M O R R W D
I S J F M W K I E B E H U J W M
D D R Z V A V N O R A B S W A L
Y W C Q M A O C R I A S I T W E
P K Z W D Z A B K D W Z T B J O
K N W G K Z S E O O G H A D U J
G F N Z A Y Z W V H A L Z E T I
I I Y O E E I P K N E Z Z E L K
K S B V H G S Q N X Z R L H F E
```

| | | | |
|---|---|---|---|
| ABRAHAM | BOAZ | SOLOMON | ELEAZAR |
| ISAAC | OBED | REHOBOAM | MATTHAN |
| JACOB | JESSE | HEZEKIAH | JOSEPH |
| JUDAH | KING DAVID | ELIHUD | |

(ANSWERS ON PAGE 45)

# The Messiah

## MATTHEW 1:18

The Bible tells us about the unique and holy way
Jesus was conceived.

```
C  B  E  M  A  R  Y  J  H  Q  Q  J  X  M  D  P
T  P  L  R  X  G  G  O  X  Q  C  L  I  O  R  R
M  H  C  C  X  Z  Z  U  Q  F  I  X  C  E  V  M
K  A  R  E  M  F  J  W  E  M  W  K  G  I  O  H
S  R  R  O  V  Z  O  Z  X  W  X  N  E  T  O  I
W  A  E  R  U  G  N  U  O  A  A  O  H  L  I  S
D  M  W  H  I  G  G  F  N  N  K  E  Y  D  N  E
E  B  I  D  T  E  H  K  T  D  R  B  L  N  C  L
G  P  E  U  O  E  D  P  X  N  M  Q  S  K  E  Q
D  P  P  F  I  K  G  M  E  H  A  I  S  S  E  M
E  K  U  S  O  T  X  O  K  H  H  Y  I  M  G  J
L  M  S  W  I  R  U  O  T  P  B  H  Z  P  E  F
P  L  K  R  G  T  E  G  E  I  T  E  T  S  L  E
I  B  I  G  E  Q  I  S  E  Y  I  V  U  R  H  Y
C  P  Q  X  L  C  O  D  V  C  U  S  T  E  I  V
S  C  K  F  C  J  G  Y  V  I  T  G  B  X  H  B
```

| | | | |
|---|---|---|---|
| BIRTH | MARY | BEFORE | THROUGH |
| JESUS | PLEDGED | TOGETHER | HOLY |
| MESSIAH | MARRIED | FOUND | SPIRIT |
| MOTHER | JOSEPH | PREGNANT | |

(ANSWERS ON PAGE 45)  **13**

# A Special Couple
## LUKE 1:26–27

God chose two special people to bring His Son into the world.
Joseph was a descendant of King David.

```
R Z W L G B Z W T X M M J D O G
G N M M A N C Q Q L P O N Z D M
N J J C C Z W U J K S K H Q A P
F A H Y V A O E I E T E U R Q C
M X Z A G B E Z P A H X R R C G
D Z R A U P R H I D C I I W A W
A F N E R S T C I K E V J B M Q
V N P A X E X N R D N I R U L N
I X H L M D T T A R N I O Y E I
D E O L E E L H W D E J E D G G
O E K B G D N X M L N O W A N R
V L V Z W G G E I Q K E P Q A I
C I U Y S J N E G E C X C V U V
F L R G D G W J D I O L R S C N
Q A B X I H O K S J O C N I E N
M G R L C J T L O O F I J E K D
```

GOD            TOWN          MARRIED        DAVID
ANGEL          GALILEE       MAN            NAME
GABRIEL        VIRGIN        JOSEPH         MARY
NAZARETH       PLEDGED       DESCENDANT

**14**                  (ANSWERS ON PAGE 46)

# A Special Visitor
## LUKE 1:28–30

God sent a heavenly messenger to give Mary the news about the part she was to play in God's plan.

```
M F W N W E E O R D R O L G R T
B I A R S O O T P X J J Q X T D
A U G V S T N P X H N D R D G G
X P Z H O F B D F C G U Y F R O
M M S D T R V O E H K H M E A K
W H Q P P P B B I R P O E W I N
T E Z V P O D G N E E T Q N V F
Y C P V M D H W Y Q I D D N K J
E A X B M L E D T N G N G O V E
Z D A J Y V E R G E F J K Z L T
O O Y E S L K S O J V H S N A D
E P O G B G B Y P V R L O S H I
P W A U X P S X D A A R E V Q A
J H O D M W O R D S A F R G V R
X R K O G R E A T L Y T E W N F
T C F G X R A I X Q Y R A M R A
```

ANGEL
GREETINGS
HIGHLY
FAVORED

LORD
MARY
GREATLY
TROUBLED

WORDS
WONDERED
KIND
MIGHT

AFRAID
FAVOR
GOD

(ANSWERS ON PAGE 46)

# The Angel's Message to Mary

## LUKE 1:31–33

The angel told Mary that God had chosen her
to give birth to His Son, Jesus.

```
Z O T S M T S P E V I E C N O C
J U M H V K D A V I D G X R Z U
S E Z I R I S I N G X G D T L G
J G S H A O Q S X O S G G H A Y
P F D U J I N A C T S G E N F Q
W O N W S O Y E H G I H T S O M
R R G W U O G L X F U G P E C M
Z E F O L Z Z J I A E E R Y I O
J V E E P V N W T V D D L C S D
W E G S V S T N A D N E C S E D
R R E R E T X W W A D G L S N E
E W C P E U P D R N K H D L W I
H W F Z Z A P F G R Q Q T Z A U
T S S B D M T I K R G G X R L C
A M M V O Z E C J M O D G N I K
F O M L G R X F V K O G H H Y B
```

| | | | |
|---|---|---|---|
| CONCEIVE | GREAT | THRONE | DESCENDANTS |
| BIRTH | CALLED | FATHER | FOREVER |
| SON | MOST HIGH | DAVID | KINGDOM |
| JESUS | GOD | REIGN | |

**16**          (ANSWERS ON PAGE 46)

# Mary's Question
## LUKE 1:34–35, 37

Mary did not understand how she could have a baby when she had no husband. The angel explained.

```
I  T  I  R  I  P  S  V  G  R  Z  F  K  M  H  A
F  A  I  L  I  I  W  O  S  H  W  G  D  J  N  D
M  Z  D  R  I  L  D  C  A  L  L  E  D  G  J  N
L  O  X  U  I  P  W  Y  K  G  Q  B  E  J  O  A
I  P  S  L  N  D  G  G  D  Z  Y  L  D  W  W  K
P  K  M  T  S  R  V  P  Q  E  U  R  O  U  H  Z
I  J  M  K  H  L  W  D  C  W  R  R  E  Z  D  G
Z  J  W  M  E  I  E  H  O  A  D  E  N  W  E  F
P  S  P  L  D  B  G  D  I  O  E  F  W  T  O  L
O  I  F  D  K  F  A  H  T  Z  V  U  K  S  D  P
V  K  P  L  T  H  O  H  Y  J  E  B  K  D  N  U
J  F  Y  N  S  N  J  S  P  Z  R  X  W  U  Y  A
Q  O  F  R  C  M  H  X  X  N  S  P  Y  B  S  F
I  O  E  W  V  S  I  N  B  R  X  I  K  L  T  X
D  V  Q  R  C  A  O  S  L  O  L  M  R  D  O  F
O  W  K  T  O  S  T  H  X  B  W  Q  X  R  O  H
```

| | | | |
|---|---|---|---|
| ANGEL | SPIRIT | BORN | EVER |
| ANSWERED | POWER | CALLED | FAIL |
| HOLY | MOST HIGH | GOD | SON |
| | OVERSHADOW | NO WORD | |

(ANSWERS ON PAGE 46)

# Joseph's Dream
## MATTHEW 1:19–20

When Joseph first found out Mary was pregnant,
he knew he wasn't the baby's father.
Joseph thought about what he should do.

```
C  E  O  C  L  D  V  K  E  J  P  B  P  X  Q  D
R  O  M  I  Y  O  Y  F  S  T  A  O  Z  U  I  F
U  R  N  W  K  X  R  O  A  K  W  X  I  V  B  A
B  S  M  S  G  V  U  D  P  I  A  E  O  C  N  E
L  Q  A  J  I  X  O  Q  U  N  T  R  W  G  H  A
R  Y  T  H  Y  D  S  A  K  L  C  H  E  I  V  P
M  F  F  J  D  M  E  T  Y  E  G  L  F  N  B  P
D  E  X  P  O  S  E  R  W  N  D  W  X  U  Y  E
E  T  K  H  L  B  R  E  E  A  L  C  F  A  L  A
T  R  D  T  R  O  F  V  C  D  T  Z  G  B  O  R
O  Q  N  N  F  O  N  C  C  A  H  K  Y  Q  M  E
S  O  A  Z  M  D  L  I  M  G  R  P  H  J  F  D
F  H  B  J  U  T  V  L  T  A  U  G  E  N  K  Z
A  J  S  O  I  A  I  B  F  Q  E  C  S  S  E  A
N  W  U  C  W  A  L  U  L  R  U  R  N  I  O  P
B  J  H  P  O  T  H  P  N  N  U  W  D  D  D  J
```

| | | | |
|---|---|---|---|
| JOSEPH | LAW | DIVORCE | LORD |
| HUSBAND | EXPOSE | QUIETLY | APPEARED |
| FAITHFUL | PUBLIC | CONSIDERED | DREAM |
| | DISGRACE | ANGEL | |

# The Angel's Message to Joseph
## MATTHEW 1:20–21

The angel explained the situation to Joseph
and reassured him.

```
R  W  J  M  P  O  K  P  X  I  M  W  E  V  A  S
W  O  P  G  R  E  A  U  J  F  A  C  K  V  Z  G
P  I  O  I  J  R  O  L  C  T  R  G  C  L  B  H
Y  L  F  Z  E  P  Y  P  I  C  Y  Y  U  V  O  C
E  V  E  E  S  M  U  D  L  C  E  N  Z  L  Z  P
M  K  J  V  U  N  T  G  B  E  U  E  Y  I  N  R
O  K  Y  N  S  B  O  V  Q  C  T  S  U  Z  Z  E
H  K  J  O  S  E  P  H  S  H  P  V  Q  D  R  T
L  B  K  E  J  I  J  N  J  I  K  Y  E  Z  U  E
Q  Q  I  Q  B  E  L  W  R  J  S  V  Q  Y  W  T
V  W  A  R  L  K  Y  I  V  W  I  S  C  B  I  D
D  K  E  A  T  E  T  Z  D  E  N  N  Y  K  Q  I
R  P  M  P  E  H  P  C  C  I  W  I  C  H  L  A
Z  H  V  M  Z  N  Q  N  M  J  V  S  G  B  N  R
R  S  A  X  O  F  O  A  H  H  Z  A  P  S  H  F
W  N  K  S  B  C  B  U  E  F  F  L  D  B  J  A
```

| | | | |
|---|---|---|---|
| JOSEPH | HOME | BIRTH | SAVE |
| DAVID | WIFE | SON | PEOPLE |
| AFRAID | CONCEIVED | NAME | SINS |
| MARY | HOLY SPIRIT | JESUS | |

# Immanuel
## MATTHEW 1:22–24

Matthew reminds everyone that the events surrounding Jesus'
birth fulfilled what the prophets had foretold.

```
P  A  F  S  I  E  V  I  E  C  N  O  C  V  I  J
D  P  O  U  C  M  N  Z  N  A  C  D  K  U  O  J
T  B  D  M  L  G  M  H  X  E  A  P  N  S  S  B
D  H  G  B  Z  F  P  A  E  S  L  S  E  N  R  E
H  A  R  W  S  H  I  G  N  C  L  P  P  K  O  Z
J  N  E  O  K  L  Q  L  D  U  H  D  R  X  I  S
U  V  N  G  U  Z  C  E  L  C  E  V  O  S  Q  N
H  K  O  B  Z  G  D  E  T  N  A  L  P  Y  G  I
J  G  U  C  S  N  H  G  N  F  Z  W  H  F  W  G
N  R  Z  P  A  G  D  R  K  P  V  B  E  I  M  R
B  T  C  M  B  I  R  T  H  E  Z  L  T  Q  A  I
T  J  M  X  B  U  P  R  J  K  L  N  R  V  C  V
K  O  C  H  Q  Y  D  B  E  I  X  E  D  T  V  U
C  C  Z  C  R  H  T  P  E  M  G  J  G  R  Y  E
K  N  D  A  N  F  K  H  X  Z  O  F  J  N  O  C
I  W  M  U  M  F  X  W  I  Q  F  H  Y  R  A  L
```

| | | | |
|---|---|---|---|
| FULFILL | VIRGIN | CALL | COMMANDED |
| LORD | CONCEIVE | IMMANUEL | MARY |
| THROUGH | BIRTH | JOSEPH | HOME |
| PROPHET | SON | ANGEL | |

(ANSWERS ON PAGE 46)

# Mary Visits Elizabeth
## LUKE 1:39–41

The angel told Mary that her relative, Elizabeth, was also expecting a child. Mary went to visit her.

```
Y  S  E  U  A  X  T  I  R  I  P  S  Y  L  O  H
O  C  V  L  Y  A  C  K  U  H  E  A  R  D  U  W
I  D  O  C  I  U  O  U  I  Z  E  C  N  R  S  G
L  L  K  U  S  Z  T  F  D  A  B  H  R  X  R  X
I  Z  X  C  N  D  A  A  P  V  P  I  H  E  U  B
A  N  J  S  E  T  N  B  V  H  E  L  E  D  L  J
Z  L  H  L  A  H  R  R  E  D  L  T  F  Q  S  E
F  B  L  F  P  N  B  Y  B  T  E  R  E  H  N  U
U  I  H  Q  S  B  N  M  J  D  H  W  C  T  B  X
F  M  X  Y  B  B  I  N  W  O  M  B  E  O  H  C
X  A  B  U  S  F  P  K  A  Y  D  R  N  X  U  X
U  A  T  L  M  A  H  Z  D  Z  E  E  Y  J  N  I
B  P  C  L  N  E  E  N  Q  D  K  C  P  R  V  M
O  W  H  W  Y  H  Z  D  P  W  X  E  L  A  A  T
Y  K  O  H  O  M  E  Y  U  C  S  U  D  T  E  M
Y  T  I  G  D  X  D  B  O  J  O  V  T  D  H  L
```

| | | | |
|---|---|---|---|
| MARY | JUDEA | ELIZABETH | WOMB |
| HURRIED | ENTERED | HEARD | FILLED |
| TOWN | HOME | BABY | HOLY SPIRIT |
| COUNTRY | GREETED | LEAPED | |

(ANSWERS ON PAGE 46)

# Elizabeth Blesses Mary

## LUKE 1:42–45

The Holy Spirit filled Elizabeth,
and she spoke a blessing over Mary.

```
B  E  L  I  E  V  E  D  J  R  V  V  O  Q  D  B
K  U  J  M  W  N  S  X  O  X  S  H  C  B  E  G
H  Z  K  U  D  B  R  J  Y  W  I  J  I  A  R  B
M  X  Z  U  F  A  A  U  M  W  Q  F  R  E  U  D
A  S  O  Q  W  A  R  B  R  U  Y  H  E  Q  P  E
L  L  B  H  X  T  V  H  Y  V  K  T  D  M  S  M
L  L  E  Q  W  T  O  O  N  H  I  I  I  U  M  I
W  K  O  W  P  X  P  X  R  N  M  U  W  E  F  A
N  U  F  R  Q  K  S  W  G  E  N  J  V  I  Z  L
D  B  S  K  D  D  I  R  Y  T  D  S  C  Q  F  C
E  L  X  C  L  Y  G  D  E  E  C  N  T  M  W  X
S  V  W  I  O  N  H  A  D  H  K  Q  E  I  Z  E
S  P  H  C  O  O  S  N  Z  B  T  K  W  M  X  L
E  C  N  C  N  R  U  T  G  M  V  O  Y  D  O  G
L  N  C  O  J  O  N  Z  P  V  E  H  M  D  H  W
B  W  Z  D  S  E  S  I  M  O  R  P  V  W  P  I
```

| | | | |
|---|---|---|---|
| LOUD | CHILD | LORD | JOY |
| EXCLAIMED | BEAR | SOUND | BELIEVED |
| BLESSED | FAVORED | GREETING | PROMISES |
| WOMEN | MOTHER | BABY | |

(ANSWERS ON PAGE 46)

# Mary Praises God
## LUKE 1:46–49

Mary praised God for the opportunity to serve
Him and future generations.

```
J  M  Z  S  N  O  I  T  A  R  E  N  E  G  S  S
M  N  K  V  Z  M  I  Z  C  H  O  Z  F  O  P  V
M  I  H  S  O  H  D  S  V  N  G  Q  U  I  Y  S
T  J  N  U  G  W  D  D  B  A  M  L  R  D  A  E
K  G  R  D  M  D  O  J  A  G  Y  I  Z  V  M  V
Z  J  D  U  F  B  F  E  D  R  T  O  I  G  S  X
X  D  Y  V  X  U  L  Q  N  S  T  O  G  Y  E  M
B  B  R  K  N  D  L  E  W  O  R  P  S  C  R  O
Q  J  L  K  V  J  U  U  N  S  Y  E  H  M  V  E
B  A  A  E  T  F  V  C  E  X  I  T  F  E  A  I
D  R  W  J  S  L  A  C  G  F  D  A  H  R  N  Z
R  T  X  C  F  S  I  N  I  R  O  G  C  G  T  H
O  O  L  Y  Y  O  E  R  S  N  E  G  O  S  I  Y
L  Q  N  L  J  X  O  D  N  R  B  A  D  D  U  M
A  G  O  E  Z  L  U  C  N  R  V  C  T  M  L  O
L  H  R  H  G  Q  P  E  E  F  E  I  D  L  Z  F
```

| | | | |
|---|---|---|---|
| SOUL | REJOICES | HUMBLE | MIGHTY ONE |
| GLORIFIES | GOD | SERVANT | GREAT |
| LORD | SAVIOR | GENERATIONS | HOLY |
| SPIRIT | MINDFUL | BLESSED | |

(ANSWERS ON PAGE 46)

# The Roman Census

## LUKE 2:1, 3

Joseph and Mary had to travel to another town for the census.

```
R  M  I  K  C  V  C  E  E  R  C  E  D  K  L  F
B  E  U  Q  I  W  K  G  I  U  A  I  H  K  C  B
A  U  G  U  S  T  U  S  O  Y  J  B  X  P  O  R
C  U  Q  I  W  B  O  O  L  M  D  N  U  B  O  N
E  S  T  I  S  E  U  L  Q  P  U  C  E  M  F  A
N  E  X  B  W  T  N  I  Z  A  U  D  A  K  C  C
S  A  O  H  R  N  E  O  M  L  G  N  R  D  A  S
U  O  I  A  A  I  E  R  Y  Z  P  U  S  E  W  T
S  N  G  R  X  T  V  F  F  R  Y  Q  S  T  J  U
Q  D  H  E  G  V  D  Y  X  B  E  A  E  U  Z  W
F  G  L  M  V  E  G  D  J  M  R  V  W  P  Q  A
V  I  Y  R  R  E  Q  E  U  C  C  T  E  C  S  R
Y  R  H  I  O  N  T  U  N  B  N  H  S  J  Y  E
N  Q  T  C  W  W  Y  S  D  P  E  G  E  Y  W  L
I  N  P  O  A  F  O  S  K  P  D  C  N  P  A  P
E  Y  T  S  K  K  P  I  Z  K  P  B  C  G  S  D
```

| | | | |
|---|---|---|---|
| DAYS | ISSUED | ENTIRE | TOWN |
| CAESAR | DECREE | ROMAN | REGISTER |
| AUGUSTUS | CENSUS | WORLD | |
| | TAKEN | EVERYONE | |

(ANSWERS ON PAGE 46)

# A Trip to Bethlehem
## LUKE 2:4–5

The government required Joseph to register in Bethlehem
because he was a descendant of David.

```
H  O  U  S  E  A  C  D  T  D  M  S  P  E  W  R
B  M  F  O  B  M  S  E  C  D  T  Y  S  U  E  B
P  T  C  D  B  E  L  H  B  A  Q  A  L  G  E  H
L  M  E  H  I  B  T  W  S  V  L  J  I  L  X  G
E  X  T  I  I  L  T  H  Z  I  L  S  O  G  B  N
D  L  B  I  Q  L  C  C  L  D  T  N  V  T  R  X
G  L  I  O  B  Z  D  V  Q  E  G  H  G  S  Y  W
E  A  Q  V  J  K  Z  Y  R  E  H  N  O  R  O  J
D  U  I  Y  D  U  H  T  D  H  I  E  Y  J  J  H
I  U  M  A  R  R  I  E  D  T  V  R  M  U  M  T
D  M  V  X  P  C  L  D  C  Y  G  K  D  Q  A  E
R  G  S  T  R  S  C  E  I  F  T  E  I  Q  R  R
J  K  F  N  O  O  P  U  R  Y  A  L  B  L  Y  A
W  J  W  N  D  X  H  P  E  S  O  J  Q  P  X  Z
M  O  V  Y  E  O  G  J  C  Y  W  Y  J  R  B  A
T  G  A  L  I  L  E  E  G  Y  O  K  J  I  H  N
```

| | | | |
|---|---|---|---|
| JOSEPH | JUDEA | DAVID | MARRIED |
| TOWN | BETHLEHEM | REGISTER | EXPECTING |
| NAZARETH | BELONGED | MARY | CHILD |
| GALILEE | HOUSE | PLEDGED | |

(ANSWERS ON PAGE 46)

# God's Son Is Born

## LUKE 2:6–7

Mary gave birth to God's Son in humble surroundings.

```
S  W  S  O  N  Q  B  S  E  J  I  H  T  R  I  B
Y  Y  M  B  M  Y  Y  A  C  Z  G  H  R  E  Z  F
M  C  W  Q  A  S  D  Z  B  D  E  P  P  A  R  W
G  A  T  H  V  P  D  P  W  Y  S  C  N  O  M  P
U  P  N  I  S  W  F  V  B  Q  C  S  G  O  S  O
R  F  L  G  P  Y  H  Z  M  G  N  T  S  R  B  B
B  H  P  A  E  X  N  I  A  X  W  E  K  H  O  U
W  T  H  G  C  R  C  S  H  U  L  T  D  R  E  G
V  C  O  G  A  E  L  W  O  B  Y  H  N  V  U  T
Y  C  Y  D  O  K  D  Q  A  E  I  F  G  E  C  C
O  I  D  B  M  R  G  L  Q  X  S  S  S  I  E  U
T  R  C  W  V  P  I  M  D  H  I  T  H  J  I  P
K  Q  K  E  I  A  Q  O  T  P  L  I  U  S  X  W
Y  F  M  K  V  S  K  O  I  W  Z  I  M  O  O  R
A  I  L  A  X  C  L  A  X  F  H  G  T  D  U  L
T  E  H  B  H  C  F  I  R  S  T  B  O  R  N  A
```

| | | | |
|---|---|---|---|
| TIME | FIRSTBORN | CLOTHS | GUEST |
| BABY | SON | PLACED | ROOM |
| BORN | WRAPPED | MANGER | AVAILABLE |
| BIRTH | | | |

(ANSWERS ON PAGE 47)

# An Angel Visits Shepherds
## LUKE 2:8–9

Shepherds in the fields were surprised
by some heavenly visitors.

```
S  E  V  Z  H  K  W  N  L  W  G  N  I  V  I  L
A  V  I  I  S  M  H  X  R  W  O  R  K  P  H  T
A  N  T  B  O  H  L  Z  V  O  N  J  F  B  E  Y
E  P  G  O  H  W  E  I  Q  U  F  I  R  R  G  G
M  W  P  E  U  G  X  P  B  X  Z  Q  R  R  F  S
I  D  A  E  L  I  T  N  H  X  U  I  B  H  F  A
N  X  Y  T  A  F  I  K  Y  E  F  Y  E  Z  K  R
U  I  Q  U  C  R  Z  S  W  I  R  H  Y  Y  B  O
B  G  G  M  W  H  E  U  E  I  Z  D  R  R  N  U
D  O  T  H  L  J  N  D  N  S  Z  R  S  O  O  N
M  R  F  U  T  A  J  O  D  Y  V  B  D  L  S  D
U  U  X  Z  X  B  E  L  B  X  E  W  D  G  K  I
K  L  A  Q  Q  V  E  R  Q  Q  N  R  V  R  C  G
P  A  J  M  W  I  A  F  V  B  O  S  H  L  O  S
G  F  O  K  F  E  T  R  T  Q  H  S  N  D  L  L
J  G  W  U  N  Q  I  H  K  K  S  T  C  C  F  D
```

| | | | |
|---|---|---|---|
| SHEPHERDS | NEARBY | ANGEL | SHONE |
| LIVING | WATCH | LORD | AROUND |
| FIELDS | FLOCKS | APPEARED | TERRIFIED |
| | NIGHT | GLORY | |

(ANSWERS ON PAGE 47)

# The Angel's Announcement
## LUKE 2:10–12

The angel gave the shepherds some wonderful news!

```
T  O  W  N  D  J  D  L  S  W  E  N  D  O  O  G
W  N  T  M  Z  B  W  I  M  S  E  L  P  O  E  P
B  R  G  S  I  F  O  P  B  E  D  A  F  V  A  Y
C  A  F  I  D  E  X  R  B  O  S  I  L  U  Q  R
R  B  B  I  S  F  A  R  N  K  H  S  A  M  R  Z
M  D  T  Y  J  Y  I  J  O  Z  R  A  I  R  B  B
Z  J  C  O  H  N  Y  O  L  J  Z  V  U  A  F  A
L  J  A  R  G  W  F  R  Q  U  S  F  D  L  H  A
N  O  Q  L  U  F  N  K  A  L  Z  Y  E  Z  X  H
L  W  R  M  P  R  Q  Y  C  A  O  I  C  H  F  B
N  R  E  D  V  A  R  N  M  J  R  X  Y  A  D  C
E  X  E  D  Z  V  Y  E  T  Z  N  O  J  X  D  N
Y  Q  P  Z  R  A  J  A  G  Z  V  Y  I  C  I  U
S  A  D  O  D  H  E  O  A  N  H  I  C  V  V  O
J  O  N  O  N  R  G  N  U  Q  A  K  L  O  A  Z
H  B  T  N  G  U  C  M  F  N  B  M  V  T  D  S
```

| | | | |
|---|---|---|---|
| AFRAID | PEOPLE | SAVIOR | SIGN |
| BRING | TODAY | BORN | BABY |
| GOOD NEWS | TOWN | MESSIAH | MANGER |
| GREAT JOY | DAVID | LORD | |

(ANSWERS ON PAGE 47)

# The Angels Praise God

## LUKE 2:13–14

The shepherds saw many angels in the sky, praising God.

```
Q  U  Z  H  E  A  V  E  N  L  Y  I  A  Y  O  P
F  C  J  J  M  J  H  C  A  T  F  P  D  F  R  U
Z  E  T  O  H  U  F  L  Q  G  P  W  A  A  P  W
E  L  A  Y  E  E  K  P  H  E  C  V  I  P  E  D
H  N  X  R  R  F  J  N  A  I  O  S  S  L  A  B
C  C  E  M  T  B  O  R  T  R  I  S  Z  E  C  B
T  E  O  A  T  H  E  P  V  N  H  D  T  F  E  W
S  Z  K  M  V  D  C  G  G  P  H  I  J  S  O  M
D  B  U  K  P  T  G  I  S  O  A  Z  Y  J  E  X
D  X  Z  W  A  A  T  Y  S  P  A  L  W  G  D  R
N  I  L  Y  L  S  N  T  R  L  N  I  O  M  V  Z
E  N  F  Z  E  Y  I  Y  Y  E  L  T  M  E  J  V
V  U  Q  H  X  S  O  J  D  R  T  C  A  O  R  E
A  O  G  H  A  N  K  D  D  T  O  D  E  E  P  H
E  I  J  M  I  Q  U  F  H  O  F  L  I  N  R  K
H  G  E  S  Z  S  T  S  O  G  G  Y  G  Z  A  G
```

| | | | |
|---|---|---|---|
| SUDDENLY | HOST | GLORY | PEACE |
| GREAT | APPEARED | HIGHEST | FAVOR |
| COMPANY | PRAISING | HEAVEN | RESTS |
| HEAVENLY | GOD | EARTH | |

(ANSWERS ON PAGE 47)

# Shepherds Share the News
## LUKE 2:17–18, 20

The shepherds hurried to Bethlehem and found Jesus in the manger. They told everyone they met the good news.

```
W  N  Z  X  A  A  S  G  N  I  H  T  W  V  J  P
Q  W  G  N  Q  V  V  I  G  J  U  K  G  T  R  T
D  C  Y  C  Z  P  G  N  B  U  X  O  H  A  O  H
L  G  W  J  T  O  I  N  Y  D  D  L  I  L  K  D
I  Q  L  B  S  L  U  O  I  W  X  S  D  L  H  C
H  H  Y  O  N  C  J  O  F  N  I  A  A  O  F  W
C  M  H  G  R  D  E  Y  D  N  R  V  G  O  F  O
J  L  Y  F  E  I  P  A  G  E  S  E  M  T  I  R
K  V  N  Z  Y  P  F  F  D  D  N  W  C  T  B  D
F  H  A  W  M  K  U  Y  R  T  Z  R  C  N  H  E
A  M  N  Q  Y  I  L  E  I  L  D  W  U  U  O  P
A  T  N  S  W  G  H  E  O  N  Z  A  K  T  H  C
G  Y  P  Y  V  P  O  U  K  D  G  N  E  F  E  Q
T  S  P  Q  E  O  T  C  Y  G  O  O  E  R  Q  R
N  L  B  H  U  M  J  R  Q  F  W  J  W  E  P  M
S  X  S  W  M  H  E  A  R  D  L  X  Q  E  S  S
```

| | | | |
|---|---|---|---|
| SEEN | CONCERNING | SHEPHERDS | GOD |
| SPREAD | CHILD | RETURNED | THINGS |
| WORD | HEARD | GLORIFYING | TOLD |
| | AMAZED | PRAISING | |

(ANSWERS ON PAGE 47)

# Jesus Is Presented at the Temple

## LUKE 2:22–24

Mary and Joseph obeyed God's instructions
by presenting Jesus at the temple.

```
B  J  L  G  C  U  U  R  R  L  B  M  O  Y  D  R
I  J  C  O  N  Q  L  E  S  K  A  H  C  W  W  X
W  S  L  B  R  U  F  S  C  R  N  O  W  P  P  P
X  R  Z  J  Z  D  N  R  Y  I  N  P  C  K  R  X
S  G  I  A  E  O  M  Q  J  S  F  U  I  E  T  G
L  I  K  T  E  R  Y  Z  E  C  W  I  S  W  N  K
D  C  A  G  T  W  U  C  G  K  I  E  R  T  R  B
C  Q  I  R  F  E  R  S  N  J  N  A  H  C  A  S
Q  P  I  M  D  A  N  R  A  T  C  S  K  A  A  Z
A  G  U  S  T  Z  O  X  M  L  I  B  E  I  F  S
R  D  J  E  Z  B  H  I  D  O  E  B  C  V  J  D
N  A  D  Y  T  P  Y  X  Z  F  Y  M  D  N  O  I
W  I  F  S  E  V  E  X  M  F  L  M  W  C  L  D
W  I  R  S  Z  L  H  O  F  A  Y  B  E  Y  W  Z
K  I  O  Y  A  O  L  P  W  T  N  R  E  F  F  O
F  J  F  M  N  O  I  T  A  C  I  F  I  R  U  P
```

| | | | |
|---|---|---|---|
| PURIFICATION | PRESENT | MALE | LAW |
| JOSEPH | LORD | CONSECRATED | DOVES |
| MARY | WRITTEN | OFFER | PIGEONS |
| JERUSALEM | FIRSTBORN | SACRIFICE | |

# Simeon Awaits the Messiah
## LUKE 2:25–26

God had promised Simeon he would not die
until he had seen the Messiah.

```
J  E  R  U  S  A  L  E  M  Q  B  M  C  N  W  D
E  F  V  K  M  B  A  D  E  V  O  U  T  Y  K  C
M  E  S  S  I  A  H  U  C  Z  R  U  I  A  O  S
R  M  Y  B  J  N  N  G  B  G  Y  B  M  N  F  N
D  I  C  L  Z  T  H  W  K  O  R  V  S  N  O  V
I  A  G  P  O  P  V  M  D  Y  K  O  B  T  R  A
J  Q  P  H  V  A  Y  U  J  E  L  N  D  L  D  J
Q  L  F  T  T  B  F  D  W  A  L  I  E  L  N  B
W  P  D  R  P  E  N  N  T  A  E  A  Z  O  E  P
F  M  W  Z  Q  O  O  I  S  R  I  X  E  F  E  I
P  R  U  E  E  T  O  U  I  D  I  T  O  V  M  G
L  M  H  M  I  N  E  F  S  A  N  R  I  Q  E  D
O  K  I  R  E  V  T  R  R  I  E  Y  E  N  E  R
R  S  I  X  U  I  C  R  T  I  G  I  L  D  G  Y
D  P  T  Y  V  F  G  F  J  I  A  Z  A  O  N  E
S  I  S  R  A  E  L  A  W  C  J  X  Z  G  H  K
```

| | | | |
|---|---|---|---|
| MAN | DEVOUT | HOLY | BEFORE |
| JERUSALEM | WAITING | SPIRIT | LORD |
| SIMEON | CONSOLATION | REVEALED | MESSIAH |
| RIGHTEOUS | ISRAEL | NOT DIE | |

(ANSWERS ON PAGE 47)

# Simeon Meets Jesus

## LUKE 2:27–29

When he saw Baby Jesus at the temple,
Simeon knew at once that Jesus was God's Son.

```
C  H  I  L  D  E  A  C  J  X  P  H  O  Z  V  B
S  E  H  R  Q  N  H  S  U  S  U  S  E  J  U  R
K  F  R  O  E  K  Q  P  G  S  V  Q  Z  G  B  P
F  B  V  S  K  Q  I  I  A  S  T  M  J  H  G  S
U  H  X  O  A  K  U  R  B  G  W  O  J  W  Q  L
P  P  Y  T  H  M  V  I  D  E  S  I  M  O  R  P
R  S  R  Z  E  P  F  T  R  U  Y  T  D  U  O  C
A  E  V  Y  O  M  U  W  Q  E  F  V  R  N  T  M
I  P  U  E  I  I  P  Q  Q  T  D  H  G  U  C  R
S  X  L  A  A  N  S  L  T  J  H  I  Z  Q  O  R
E  N  O  B  O  T  H  J  E  N  E  G  T  C  E  C
D  H  U  E  N  U  J  E  C  R  A  G  U  E  Z  N
B  T  M  E  Z  K  E  X  E  H  C  V  C  O  G  X
R  I  R  M  K  M  U  V  G  Q  A  A  R  G  R  A
S  A  U  J  I  A  O  R  Y  N  E  U  U  E  M  B
P  F  H  U  A  S  L  S  H  P  D  E  Q  Y  S  C
```

| | | | |
|---|---|---|---|
| SPIRIT | BROUGHT | REQUIRED | PROMISED |
| TEMPLE | CHILD | SIMEON | SERVANT |
| COURTS | JESUS | PRAISED | PEACE |
| PARENTS | CUSTOM | SOVEREIGN | |

(ANSWERS ON PAGE 47)

# Simeon's Prophecy

## LUKE 2:30–32

Simeon foretold that Jesus would offer
salvation to the whole world.

```
S  B  R  G  O  R  P  C  V  K  W  P  M  Y  N  G
I  E  I  I  K  U  L  X  R  K  T  H  S  A  A  E
P  L  E  U  G  C  G  I  S  C  N  E  T  D  D  S
N  R  X  N  Y  O  A  H  G  K  M  I  Y  L  A  V
H  Z  E  W  H  X  J  P  D  H  O  B  Z  L  W  W
L  Z  R  P  D  T  U  A  O  N  T  Z  V  W  M  Y
I  J  N  X  A  R  N  E  S  A  V  A  M  T  A  Q
I  E  K  X  U  R  I  O  W  B  T  Y  Z  X  A  Z
Q  C  U  A  Z  Q  E  X  I  I  A  S  K  F  O  D
W  O  V  Y  F  L  X  D  O  T  E  L  P  O  E  P
P  U  I  X  N  L  E  N  B  L  A  P  A  D  O  R
O  Y  P  Z  E  X  T  X  I  H  W  L  S  D  K  T
V  G  R  A  U  H  G  T  H  A  F  E  E  M  S  J
E  W  R  O  G  W  N  P  I  F  Y  T  T  V  C  M
Q  S  J  I  L  E  M  J  S  E  F  N  D  N  E  E
I  V  S  D  G  G  V  Z  I  I  S  G  N  O  S  R
```

| | | | |
|---|---|---|---|
| EYES | PREPARED | LIGHT | GLORY |
| SEEN | SIGHT | REVELATION | PEOPLE |
| SALVATION | NATIONS | GENTILES | ISRAEL |

# Simeon Speaks to Mary
## LUKE 2:33–35

Simeon blessed Mary and Joseph,
and then he left Mary with a warning about the future.

```
R  E  V  E  A  L  E  D  K  P  M  K  F  Q  D  B
B  L  I  T  Q  A  L  P  M  O  T  H  E  R  L  C
A  Y  W  M  X  L  I  J  D  J  O  N  V  E  H  L
R  C  Q  F  E  E  X  R  Y  L  E  W  S  I  H  S
P  K  D  A  R  C  J  G  O  G  Y  S  L  R  W  S
T  O  D  C  R  P  W  U  R  T  E  D  A  O  A  D
I  K  E  A  Q  B  J  V  E  D  C  L  R  M  U  H
Y  S  R  I  S  I  N  G  I  K  C  D  D  F  H  F
Q  A  R  C  N  C  T  D  E  R  U  D  H  I  A  S
E  F  L  A  E  A  E  I  A  G  E  J  V  T  H  T
J  G  Z  S  E  L  M  U  L  N  C  H  H  E  M  H
Q  J  U  D  E  L  R  C  I  I  E  E  F  L  O  G
N  A  A  V  T  L  L  T  U  L  R  P  X  B  N  U
C  S  R  T  N  N  S  R  P  L  R  D  E  A  D  O
V  A  Z  I  W  E  S  E  C  A  L  U  O  S  W  H
M  W  S  F  D  C  E  S  F  F  A  Z  N  X  T  T
```

FATHER      CHILD      RISING      SWORD
MOTHER     DESTINED  ISRAEL      PIERCE
MARVELED   CAUSE      THOUGHTS  SOUL
BLESSED    FALLING    REVEALED

(ANSWERS ON PAGE 47)

# Anna Meets Jesus

## LUKE 2:36–38

Anna, the prophet, was very old when she saw Baby Jesus in the temple. She gave thanks and told others about Jesus.

```
Y  R  R  L  H  M  Q  D  Z  S  W  Y  L  L  O  P
M  C  M  A  R  R  I  A  G  E  Y  K  T  Z  R  P
S  H  T  Z  U  J  B  E  H  T  Z  H  P  A  R  J
R  I  M  W  N  W  L  D  Y  W  A  M  Y  O  Z  R
N  L  M  O  H  N  H  M  N  N  K  I  P  V  U  E
O  D  Y  R  M  E  Q  Y  K  S  N  H  L  X  Z  D
D  M  X  Y  Y  E  U  S  P  G  E  W  J  Z  W  E
N  D  F  H  J  P  N  C  I  T  M  F  I  L  G  M
S  W  E  F  D  R  W  T  M  E  U  X  K  W  I  P
G  C  K  P  G  N  K  R  L  D  W  O  D  I  W  T
N  E  W  M  I  W  A  A  I  R  L  L  R  H  R  I
I  L  X  O  D  H  S  B  Q  A  D  O  F  J  A  O
T  P  K  K  P  U  S  I  S  N  I  Q  Y  N  U  N
S  M  X  Z  R  T  P  R  K  U  W  G  K  R  P  K
A  E  B  E  C  G  U  T  O  A  H  J  R  D  E  Y
F  T  J  N  L  A  N  N  A  W  D  K  A  E  C  V
```

| | | | |
|---|---|---|---|
| PROPHET | MARRIAGE | FASTING | CHILD |
| ANNA | WIDOW | PRAYING | REDEMPTION |
| VERY OLD | TEMPLE | MOMENT | JERUSALEM |
| HUSBAND | WORSHIPED | THANKS | |

(ANSWERS ON PAGE 47)

# At Home in Nazareth

## LUKE 2:39–40

Eventually, Joseph and Mary settled in Nazareth,
where Jesus would spend His childhood.

```
V T V K J M N A Z A R E T H W G
G T O Z T S I D V R W I K H R J
A R Q W M Y A S W O P E K E O L
L X R A N Q R K N S E L W S A E
I S R E J Y R H A V Z T E W A B
L Y S W Q X G P O Z B P N H H K
E X R I T U F N M N H N O J X I
E R A E J X I R I L Q N C E V L
D P S B T B A R N H H I E G D A
M Z C R W U Z W E Q T D R O L M
M D J J L D R E R D A Y S K G R
O F H X E L C N J J C P R N W H
D H P G W A U S E C B G O E O X
S X G X R M I X C D X R S I V A
I X Y G Z J O T J A T I M N J E
W C Q V Q Z C R Q S D D L I H C
```

| | | | |
|---|---|---|---|
| JOSEPH | LAW | TOWN | STRONG |
| MARY | LORD | NAZARETH | WISDOM |
| EVERYTHING | RETURNED | CHILD | GRACE |
| REQUIRED | GALILEE | GREW | |

(ANSWERS ON PAGE 47)

# Magi Arrive in Jerusalem
## MATTHEW 2:1–2

After Jesus was born, Magi from the east
came in search of Him.

```
M A O V S J I X H X P S U S E J
R A L W E T L Y C J D M E Z H Y
R X G W D L A T X L L Q Q W D M
L W S I U Z P R U K J Q K R D S
W O R S H I P A R E V K S J O R
N X O U V E G R R Y M H X V O B
Q B G O R W C U C Z W Y E S K E
B W F E Q M S M A U D S E K P W
G Q H H P A Z E E O Q D F E G U
D W S V L G D P R H I D H H I J
C O O E I U C E O Q E K Y P L T
G Y M S J D H Y X F N L Z C V M
K T F N K G E V M X H N H N V A
Q S R W N V Z K K N O W R T H N
Y A M I V F J O S G D B U O E U
O E K I U Q M X E A R R Q O B B
```

| JESUS | JUDEA | JERUSALEM | STAR |
|-------|-------|-----------|------|
| BORN | KING HEROD | ASKED | ROSE |
| BETHLEHEM | MAGI | WHERE | WORSHIP |
| | EAST | JEWS | |

(ANSWERS ON PAGE 48)

# King Herod Is Troubled
## MATTHEW 2:3–5

King Herod was deeply troubled by the news
of a new king's birth.

```
L  J  P  M  E  S  S  I  A  H  W  M  U  T  U  N
W  E  Z  V  F  W  G  T  E  X  F  S  O  D  B  P
R  R  Q  D  C  P  D  D  O  A  S  G  T  Y  R  N
I  U  T  Y  M  G  E  H  P  K  E  S  L  O  D  S
T  S  Y  P  C  L  M  V  K  T  T  Q  P  J  D  V
T  A  X  X  L  P  P  H  H  S  L  H  Y  S  E  D
E  L  O  A  J  W  I  E  E  F  E  V  R  E  I  J
N  E  C  X  M  J  R  I  T  T  O  E  D  S  L  P
G  M  C  S  P  E  R  D  W  Q  H  G  T  L  P  S
X  A  F  O  B  P  H  Q  E  C  T  U  D  T  E  F
F  D  R  Q  F  G  K  E  A  H  R  E  B  U  R  W
F  Z  V  E  A  G  O  E  L  B  U  D  Y  A  P  Y
L  D  I  E  E  M  T  K  E  H  X  F  R  D  Q  U
E  H  D  G  S  D  H  D  T  M  T  P  Y  A  B  S
C  U  K  I  N  G  H  E  R  O  D  E  N  M  E  O
J  K  K  S  X  C  P  P  J  A  J  L  B  V  J  H
```

KING HEROD   CALLED        MESSIAH      PROPHET
HEARD        TOGETHER      BETHLEHEM    WRITTEN
DISTURBED    CHIEF PRIESTS JUDEA
JERUSALEM    TEACHERS      REPLIED

(ANSWERS ON PAGE 48)

# King Herod's Request
## MATTHEW 2:7–9

King Herod asked the Magi to find Jesus
so he could worship Him too.

```
H E R O D E Q X D E R A E P P A
X N C F X S T X S O P D B Z J C
W S H S G C A A L B M E A E A V
S G U Q A Z J V T F O I R R U A
V V L X D N U L O U I J E H S B
R S E E A N M U L M H F O J D N
A K I Z X K N E G T U C D N I F
T G W W D D T M H L K Y R D V K
S F J E F R F Y L E K V T A N E
V G N N O B L Y P U L N U I E C
G B B P T T H R I D O H S M E S
Q K E Z E J U C H W E E T R V D
G R D R Q W S I S X U L B E F L
P D C D C R G D R G B U L K B I
R E S Q C A H Y O F D P B A W H
S V L S M W Q X W Y V P Q I C C
```

| | | | |
|---|---|---|---|
| HEROD | FOUND | BETHLEHEM | FIND |
| CALLED | EXACT | SEARCH | REPORT |
| MAGI | STAR | CAREFULLY | WORSHIP |
| SECRETLY | APPEARED | CHILD | |

(ANSWERS ON PAGE 48)

# The Magi Find Jesus
## MATTHEW 2:10–12

The Magi followed the star and found Jesus.
They worshiped Him and gave Him special gifts.

```
G  B  G  F  K  M  I  P  T  T  P  D  G  M  Q  G
F  F  G  Y  D  S  B  C  Q  G  O  L  Y  T  I  V
S  R  U  M  O  R  R  T  H  P  K  R  O  F  H  W
T  Z  A  A  Z  V  E  O  U  C  R  K  T  I  O  R
H  C  I  N  T  W  E  A  T  H  S  S  E  R  I  G
K  H  M  R  K  U  P  R  M  Q  N  A  S  H  O  C
C  I  X  K  K  I  C  M  J  K  D  H  I  L  U  L
X  L  O  Z  E  D  N  S  L  O  I  E  D  O  N  K
R  D  Z  Y  E  T  E  C  E  P  Y  I  N  N  Z  W
D  S  D  T  Q  P  B  T  E  R  R  E  X  E  K  H
U  V  P  E  D  N  H  D  N  N  U  E  D  F  P  W
S  T  A  R  F  P  D  O  M  E  S  S  H  H  A  O
O  L  W  R  F  E  P  P  E  S  S  E  A  T  S  B
R  K  V  Z  W  Q  L  F  M  U  P  E  F  E  O  Y
L  W  D  O  V  S  P  F  E  O  P  A  R  A  R  M
M  X  B  L  R  S  U  E  F  H  F  J  X  P  V  T
```

| | | | |
|---|---|---|---|
| STAR | MOTHER | TREASURES | GOLD |
| GIFTS | BOWED | PRESENTED | MYRRH |
| HOUSE | WORSHIPED | FRANKINCENSE | DREAM |
| CHILD | OPENED | OVERJOYED | |

(ANSWERS ON PAGE 48)

# The Holy Family Flees to Egypt
## MATTHEW 2:13–14

In a dream an angel told Joseph to take his family to Egypt because King Herod was trying to kill Jesus.

```
N  L  Z  K  V  L  K  M  K  G  H  C  R  A  E  S
I  J  T  E  W  U  D  F  W  E  C  H  I  L  D  X
G  T  O  I  I  W  A  Z  A  G  I  I  E  S  V  J
H  O  M  S  V  Z  X  H  P  I  W  D  L  A  V  M
T  W  T  O  E  S  H  K  P  I  L  T  E  A  R  M
U  C  Z  X  H  P  M  S  E  G  K  V  Y  R  O  S
O  F  D  W  Z  V  H  N  A  W  E  C  S  T  R  R
N  Q  Q  R  Y  H  U  M  R  W  Q  Z  H  Y  K  Q
A  Y  U  N  E  K  R  N  E  X  E  E  J  W  Y  S
C  J  K  N  U  A  H  M  D  P  R  K  E  H  T  E
H  Q  G  A  N  I  M  N  A  J  G  M  B  A  C  Y
S  E  U  K  L  G  D  C  X  T  Z  T  Y  W  F  K
M  D  R  E  S  E  S  T  P  M  F  L  H  U  P  D
N  Q  G  O  C  E  J  Y  M  A  L  P  E  N  R  R
G  N  Z  K  D  Q  G  T  H  I  V  Z  V  A  V  O
A  A  U  L  A  E  C  G  K  J  H  W  U  W  D  L
```

| | | | |
|---|---|---|---|
| ANGEL | JOSEPH | ESCAPE | SEARCH |
| LORD | DREAM | EGYPT | KILL |
| APPEARED | CHILD | STAY | NIGHT |
| | MOTHER | HEROD | |

(ANSWERS ON PAGE 48)

# King Herod Retaliates
## MATTHEW 2:16–18

King Herod was furious when the Magi did not return to him.
He had all boys two years old and younger killed,
but Jesus was safe in Egypt.

```
L  A  U  M  W  S  P  V  I  P  M  C  W  M  P  H
V  W  E  E  P  I  N  G  Q  X  O  Y  P  G  N  V
I  W  R  R  L  W  J  Q  B  U  U  Z  G  O  O  M
C  F  Q  Q  T  Z  E  K  H  M  R  R  I  I  A  F
I  M  V  A  D  U  Q  M  E  L  N  W  C  G  S  O
N  M  A  W  Q  Y  Z  H  D  Q  I  E  I  L  R  K
I  J  B  N  N  F  E  G  J  X  N  X  K  D  T  Z
T  T  E  K  B  L  E  W  T  D  G  D  E  M  I  I
Y  W  J  R  H  D  J  W  E  S  B  R  R  R  I  X
E  S  W  T  E  Y  E  T  T  S  S  M  M  A  E  A
A  W  E  B  X  M  T  Z  F  W  U  D  O  R  E  H
J  B  Q  Z  S  I  I  L  I  T  C  O  P  O  X  H
G  O  W  X  W  K  L  A  F  L  A  L  I  S  O  Q
V  Q  M  T  P  J  L  D  H  M  A  O  C  R  L  L
F  R  U  U  F  P  I  B  O  G  S  E  A  D  U  Q
B  O  Y  S  K  R  K  W  F  Q  Y  X  R  P  L  F
```

| | | | |
|---|---|---|---|
| HEROD | FURIOUS | BETHLEHEM | HEARD |
| REALIZED | ORDERS | VICINITY | WEEPING |
| OUTWITTED | KILL | JEREMIAH | MOURNING |
| MAGI | BOYS | VOICE | |

(ANSWERS ON PAGE 48)

# The Holy Family Returns
## MATTHEW 2:19–23

When Herod was dead, an angel told Joseph it was safe to return to Israel. The family settled in Nazareth.

```
D V J J B U I W R J D E N R A W
A P V P J X E N N E E L I L A G
G F D R E A M Y A I U I Y E O U
F M R D I T X N W Z D X S Q P J
Y B R A K H H C S T A O H I D O
U R C N I M W H U T I R M U G S
Z R F K P D H E Q D E F E G V E
X S K O Y D N Q D A P H Q T A P
B S U N F E G E W M J I P T H H
W M T A R R L D P E J W C O Y S
L J O A L L R F L V R I O E R R
N P Z T I E O C D E R D V W X P
K A P F H N H L Z T A H H Y S X
N O L D E E I C S B V R V T K K
S U N Y I H R I R T Z Z S T I S
F J O K C O D D J A R W L I W W
```

| | | | |
|---|---|---|---|
| JOSEPH | ARCHELAUS | WITHDREW | FULFILLED |
| CHILD | AFRAID | DISTRICT | PROPHETS |
| MOTHER | WARNED | GALILEE | NAZARENE |
| ISRAEL | DREAM | NAZARETH | |

(ANSWERS ON PAGE 48)

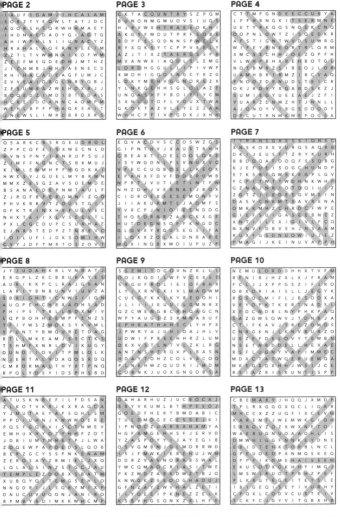

**ANSWERS**

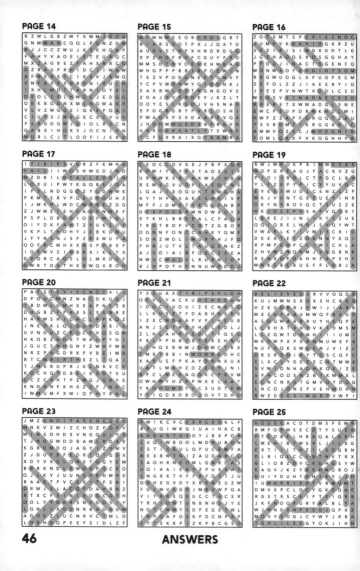

**46**

ANSWERS

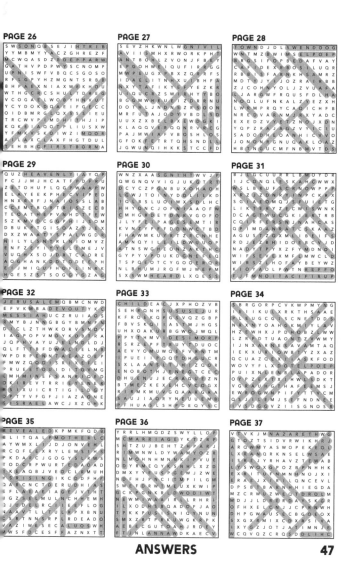

**ANSWERS**

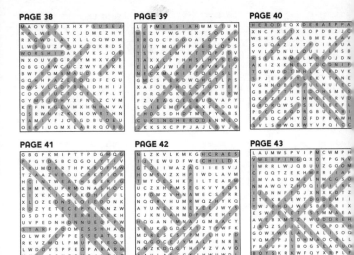

## PAGE 38

```
M A O V S J I X H X P S U S E J
R A L W E T L Y C J D M E Z H Y
R X G W D L A T X L L Q Q W D M
L W S I U Z F R U K J Q K R D S
W O R S H I P A R E V K S J O R
N X O U V E G R R Y M H X V O B
Q B G O R W C U C Z W Y E S K E
B W F E Q M S M A U D S E K P W
G O H H P A Z E E O Q D F E G U
D W S V L G D P R H I D H H I J
C O O E I U C E O Q E K Y P L T
G Y M S J D H Y X F N L Z C V M
K T F N K G E V M X H N H N V A
Q S R W N V Z K K N O W R T H N
Y A M I V F J O S G D B U O E U
O E K I U Q M X E A R R Q O B B
```

## PAGE 39

```
L J P M E S S I A H W M U T U N
W E Z V F W G T E X F S O D B P
R R Q D C P D D O A S G T Y R N
I U T Y M G E H P K E S L O D S
T S Y P C L M V K T T Q P J D V
T A X X L P P H H S L H Y S E D
E L O A J W I E E F E V R E I J
N E C X M J R I T T O E D S L P
G M C S P E R D W Q H G T L P S
X A F O B P H Q E C T U D T E F
F D R Q F G K E A H R E B U R W
F Z V E A G O E L B U D Y A P Y
L D I E E M T K E H X F R D Q U
E H D G S D H D T M T P Y A B S
C U K I N G H E R O D E N M E O
J K K S X C P P J A J L B V J H
```

## PAGE 40

```
H E R O D E Q X D E R A E P P A
X N C F X S T X S O P D B Z J C
W S H S G C A A L B M E A E A V
S G U Q A Z J V T F O I R R U A
V V L X D N U L Q U I J E H S B
R S E E A N M U L M H F O J D N
A K I Z X K N E G T U C D N I F
T G W W D D T M H L K Y R D V K
S F J E F R E Y L E K V T A N E
V G N N O B L Y P U L N U I E C
G B B Z T T H R I D O H S M E S
Q K E Z E J U C H W E E T R V D
G R D R Q W S I S X U L B E F L
P D C D C R G D R G B U L X J I
R E S G C A H Y O F D P B A W H
S V L S M W Q X W Y V V P Q I G C
```

## PAGE 41

```
G B G F K M I P T T P D G M Q G
F F G V D S B C Q G O L Y T I V
S R U M O R R T H P K R O F H W
T Z A A Z V E O U C R K T I O R
H C I N T W E A T H S S E H A O
K H M R K U F R M Q N A S H O C
C I X K K U C C A K O H I L U L
X L O Z E D N S L O I E D O N K
R D Z Y E T E C E P Y I N N Z W
D S D T Q P B T E R R E X E K H
U V P E D N H D D N N U E D F P W
S T A R F P D O M E S S H H A Q
O L W R F E P P E S S S E A T S B
R K V Z W Q L F M U P E F E O Y
L W D O V S P F E O P A R A R M
M X B L R S U E F H F J X P V T
```

## PAGE 42

```
N L Z K V L K M K G H C R A E S
I J T E W U D F W E C H I L D X
G T O I I W A Z A G I I E S V J
H O M S V Z X H P I W D L A V M
T W T O E S H K F I L T E A R M
U C Z X H P M S E G K V Y R O S
O F D W Z V H N A W E C S T R R
N Q Q R Y H U M R W Q Z H Y K Q
A Y U N E K R N E X E E J W Y S
C J K N U A H M D F P B K E H T E
H O G A N I M N A J G M B R A C Y
S E U K L G D C X T Z T Y W F K
M D R E S E S T P M F L H U P D
N Q G O C E J Y M A L P E N R R
G N Z K D O G T H I V Z V A V O
A A U L A E C G K J H W U W D L
```

## PAGE 43

```
L A U M W S P V I P M C W M P H
V W E E P I N G Q X O Y P G N V
I W R R L W J Q B U U Z G O O M
C F Q O T Z E K H M R R I I A F
I M V A D U Q M E L N W C G S O
N M A W Q Y Z H D Q I E I L R K
I J B N N F E G J X N X K D T Z
T T E K B L E W T D G D E M I I
Y W J R H D J W E S B R R R I X
E S W T E Y E T T S S M M A E A
A W E B X M T Z F W U D O R E H
J B Q Z S I L I T C O P O X H
G O W X W K L A F L A L I S O Q
V Q M T P J L D H M A O C R L L
F R U U F P I B O G S E A D U O
B O Y S K R K W F Q Y X N P L I
```

## PAGE 44

```
D V J J B U I W R J D E N R A W
A P V P J X E N N E E L I L A G
G F D R E A M Y A I U I Y E O U
F M R D I T X N W Z D X S Q P J
Y B R A K H H C S T A O H I D O
U R C N I M W H U T I R M U G S
Z R F K F D H E Q D E F E G V E
X S K O Y D N Q D A P H Q T A P
B S U N F E G E W M J I P T H H
W M T A R R L D F E J W C O Y S
L J O A L R F L V R I O E R R
N P Z T T E O C D E R D V W X P
K A P F H N H C Z A H H Y S X
N O L D E E I C S B V R V T K K
S U N Y I H R I R T Z Z S T I S
F J O K C O D D J A R W L I W W
```